AF357377

CATALOGUE

DES

TABLEAUX

DESSINS, CROQUIS ET GRAVURES,

de Tony, Alfred JOHANNOT, et autres,

DONT LA VENTE SERA FAITE

Après le Décès de M. Tony JOHANNOT,

HOTEL DES VENTES MOBILIÈRES

RUE DES JEUNEURS, N. 42 BIS,

Salle n° 2,

LES VENDREDI 26 ET SAMEDI 27 NOVEMBRE 1852,

à une heure après midi,

Par le ministère de M° **BONNEFONS DE LAVIALLE,**
Commissaire-Priseur, rue de Choiseul, 11,

Assisté de M. **SCHROTH,** Appréciateur, rue des Orties-Saint-Honoré, 9,

Et de M. **FEBVRE,** Appréciateur, rue de Choiseul, 13,

Chez lesquels se distribue le présent Catalogue.

EXPOSITION PUBLIQUE

Le Jeudi 25 Novembre 1852, de midi à cinq heures.

PARIS

MAULDE ET RENOU,

IMPRIMEURS DE LA COMPAGNIE DES COMMISSAIRES-PRISEURS,

Rue de Rivoli prolongée, au coin de celle de l'Arbre-Sec

1852

0303

CATALOGUE

DES

TABLEAUX

DESSINS, CROQUIS ET GRAVURES,

de Tony, Alfred JOHANNOT, et autres,

DONT LA VENTE SERA FAITE

Après le Décès de M. Tony JOHANNOT,

HOTEL DES VENTES MOBILIÈRES

RUE DES JEUNEURS, N. 42 BIS,

Salle n° 2,

LES VENDREDI 26 ET SAMEDI 27 NOVEMBRE 1852,

à une heure après midi,

Par le ministère de M° **BONNEFONS DE LAVIALLE**,
Commissaire-Priseur, rue de Choiseul, 11,

Assisté de M. **SCHROTH**, Appréciateur, rue des Orties-Saint-
Honoré, 9,

Et de M. **FEBVRE**, Appréciateur, rue de Choiseul, 13,

Chez lesquels se distribue le présent Catalogue.

EXPOSITION PUBLIQUE

Le Jeudi 25 Novembre 1852, de midi à cinq heures.

PARIS

MAULDE ET RENOU,

IMPRIMEURS DE LA COMPAGNIE DES COMMISSAIRES-PRISEURS,
Rue de Rivoli prolongée, au coin de celle de l'Arbre-Sec.

1852   6303

CONDITIONS DE LA VENTE.

Elle sera faite au comptant.

Les acquéreurs paieront cinq pour cent, en sus des adjudications.

DÉSIGNATION

DES TABLEAUX.

TONY JOHANNOT.

18 — Etude de loup.
19 — Jeune femme et enfants couchés. Grisaille.
20 — Eve.
21 — La déclaration.
22 — Louis VII force le passage du Méandre.
23 — L'enfance. Esquisse.
24 — Une scène des Barricades de 1830.
25 — Saint-Pierre et Sainte-Agathe.
26 — Même sujet. Esquisse.
27 — Etude de Saint.
28 — Etude de nature morte.
29 — Le départ pour Rambouillet. Esquisse.
30 — Une scène du Tasse. Esquisse.
31 — Réunion de paysans des Pyrénées. Esquisse.
32 — L'homme entre deux âges. Esquisse.
33 — Georges Sand. Savinien.

ALFRED JOHANNOT.

34 — Saint-Hyacinthe.
35 — Elisabeth et Walter Raleigh, du château de
    Kenilworth. Esquisse.
36 — Un baptême. Esquisse.
37 — Le duc d'Orléans visitant l'Hôtel-Dieu, en
    1832. Esquisse.

DESSINS ET AQUARELLES.

TONY JOHANNOT.

38 — Une réunion de paysans dans les Pyrénées.
    Aquarelle.

39 — Bergers des Pyrénées conversant.

40 — Contrebandiers dans les Pyrénées. Aquarelle.

41 — La déclaration. Sépia

42 — Souvenir des bords du Rhin. Aquarelle.

ALFRED JOHANNOT.

43 — Marguerite d'Anjou et son fils au milieu des brigands. Aquarelle.

44 — Bailly à l'Hôtel-de-Ville, nommé maire de Paris. Aquarelle.

45 — Thomas Morus allant au supplice. Aquarelle.

46 — Le duc de Guise reçu par Charles IX et Catherine de Médicis.

47 — Henri II et sa famille.

48 — Mademoiselle de Montpensier conduisant l'émeute. Aquarelle.

49 — Bataille de Rosbeck. Charles VI reçoit la nouvelle de la mort d'Hartwell.

CROQUIS ET COMPOSITIONS.

TONY JOHANNOT.

50 — Projet d'un meuble sculpté, 5 dessins.

51 — 12 Croquis divers.

52 — 7 Id.

53 — 4 Id. pour Ruth et Booz.

54 — 6 Id. Id.

55 — 5 Croquis mine de plomb.
56 — 5 Id. Id. et aquarelle.
57 — 4 Id. Id. Id.
58 — 26 Id. pour les œuvres de Lamartine.
59 — 7 Id. Id. de Ch. Nodier.
60 — 66 Id. divers.
61 — 21 Id. Roland le Furieux.
62 — 20 Id. La nouvelle Héloïse, Lafontaine et Walter Scott.
63 — 21 Id. Boileau, Victor Hugo, et Roi de Rome.
64 — 20 Id. L'âne mort, Guillaume Tell et Cooper.
65 — 21 Id. Verther et Histoire de Judith.
66 — 29 Id. Paul et Virginie et Manon Lescot.
67 — 55 Id. divers.
68 — 25 Id. Id.
69 — 75 Id. Id.
70 — 45 Id. Id.
71 — 67 Id. Molière.
72 — 83 Id. Don Quichotte.
73 — 18 Id. Histoire Sainte.
74 — 64 Id. Jérôme Paturot.
75 — 50 Id. et gravures au trait.
76 — 50 Id. divers.
77 — 43 Id. Id.
78 — 32 Id. Id.
79 — 17 Id. Id.
80 — 15 Id. Diable Boiteux.
81 — 35 Id. divers.

82 — 4 Croquis. Le Vicaire. —

83 — 3 Portefeuilles avec divers croquis.

84 — 40 Croquis pour Georges Sand.

84 b. — 2 Dessins, sujets bibliques.

85 — 34 Croquis. Voyage où il vous plaira.

86 — 46 Id. divers.

86 b. — 2 Albums de croquis.

87. — 48 Croquis pour Silvio Pelico.

87 b. — 5 Id. divers.

ALFRED JOHANNOT.

88 — 48 Croquis divers.

89 — 60 Id. Id.

90 — 65 Id. Id.

91 — 4 Dessins, compositions diverses.

92 — 16 Croquis, mine de plomb.

93 — 10 Id. figures diverses.

94 — 25 Id. compositions.

95 — 5 Id. sujets divers.

95 b. — 5 Id. Bailly et autres.

TABLEAUX ET DESSINS

PAR DIVERS

TABLEAUX.

96 — M. DELACROIX (Eugène). Grec debout près de son cheval.

97 — MM. DUPRÉ (Jules) et LAMI (Eugène). Un combat.

98 — M. DEVERIA. Repos de la Sainte-Famille.

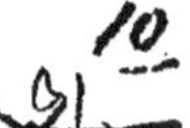

99 — M. Ziegler. Paysage et Ruines.
100 — Lebrun (d'après) deux copies. Esquisses.
101 — Portrait d'homme de l'école Allemande.
102 — La tour de Babel, peinte sur bois, école
     Flamande.
103 — Portrait d'un maréchal de France, de l'école
     Française.

DESSINS.

104 — M. Athalin (baron). Vue intérieure de l'a-
     telier du sculpteur Marochetti.
105 — M. Vernet (Horace). Odalisque fumant.
     Mine de plomb.
106 — West (Bⁱⁿ). Un ange ; dessin à la plume.
107 — Cinq dessins divers seront vendus sous ce
     numéro.

GRAVURES ET LITHOGRAPHIES.

108 — 22 Gravures et lithographies encadrées,
     dont le Portrait de M. Bertin de Vaux.
     l'Abdication de Gustave Vaza, les Mois-
     sonneurs de Mercury, avant la lettre,
     et plusieurs Portraits de femmes de la fa-
     mille de Louis-Philippe, d'après Winter-
     halter et autres, seront vendues sous ce
     numéro.
109 — 5 Portefeuilles contenant des Gravures
     anciennes et modernes, seront vendus
     sous ce numéro.

VIGNETTES

PAR ET D'APRÈS TONY JOHANNOT.

110 — Eaux fortes pour les artistes contemporains, 5 épreuves avant la lettre, papier Chine.

111 — 4 suites de 12 vignettes et un portrait chacune pour Lafontaine avant la lettre papier Chine, tirées in-4.

112 — 13 suites de 10 vignettes chacune pour Werther avant la lettre, papier Chine, tirées in-folio.

113 — 14 suites de 8 vignettes chacune pour les contes de Nodier, avant la lettre, papier Chine, tirées in-fol.

114 — 7 suites de 9 vignettes et un portrait chacune pour Faust avant la lettre, papier Chine, tirées in-fol.

115 — 4 suites de 11 vignettes chacune pour Raphaël et les Confidences de Lamartine, avant la lettre, pap. Chine, tirées in-fol.

116 — 3 suites de 4 vignettes chacune pour Beaumarchais, avant la lettre, tirées in-4.

117 — 4 suites de 4 vignettes chacune pour un livre d'Heures, avant la lettre, papier Chine.

118 — 145 eaux-fortes, dont la Halte 7 épreuves et 48 pour le Château de Windsor, roman anglais, avant la lettre, et papier Chine la plupart.

119 — 183 lithographies et gravures (portraits et sujets).

120 — 132 vignettes détachées pour Lafontaine, Beaumarchais, l'Histoire d'Angleterre, etc., avant la lettre.

121 — 154 vignettes détachées pour Werther, les Contes de Nodier, Raphaël et les Confidences de Lamartine, avant la lettre, la plupart sur papier Chine et tirées in-fol.

122 — 113 vignettes détachées pour Faust, l'Evangile, l'Imitation, l'Histoire de la Révolution, la plupart avant la lettre, et papier Chine.

123 — 86 vignettes détachées pour Voltaire, Walter-Scott, Napoléon et ses contemporains, etc., la plupart avant la lettre et sur papier Chine.

124 — 117 vignettes détachées diverses.

125 — Vignettes sur bois tirées sur papier Chine (2 portefeuilles).

ALFRED JOHANNOT.

126 — 144 lithographies et gravures, portraits, sujets et vignettes détachées pour Walter-Scott, Voltaire, Napoléon et ses contemporains, avant la lettre, la plupart sur papier de Chine.

127 — 151 gravures et vignettes détachées.

ALFRED ET TONY JOHANNOT.

128 — Une suite de 34 vignettes pour Walter-Scott, avant la lettre, papier de Chine, tirées in-fol. — 71 vignettes détachées pour le même ouvrage, pour Delille et pour Lamartine. (Même état.)

129 — 3 suites de 24 vignettes chacune pour Chateaubriant, avant la lettre, papier de Chine, tirées in-fol. — 29 vignettes détachées pour le même ouvrage et pour Byron. (Même état.)

130 — Une suite de 102 vignettes pour le théâtre de Scribe, avant la lettre, papier Chine.

131 — 338 vignettes détachées pour le même ouvrage. (Même état.)

132 — 125 vignettes détachées pour Walter-Scott, avant la lettre, pap. Chine, tirées in-fol.

133 — 60 vignettes détachées pour Chateaubriant, avant la lettre, pap. Chine, tirées in-fol.

134 — 173 vignettes détachées pour Cooper, avant la lettre, papier Chine, tirées in-fol.

135 — 160 vignettes détachées pour Béranger et miss Edgeworth, avant la lettre, la plupart pap. Chine.

136 — 6 suites de 20 culs-de-lampe chacune pour Byron, avant la lettre, papier Chine. — 186 culs-de-lampe détachés pour le même ouvrage. (Même état.)

137 — 22 suites de 4 culs-de-lampe chacune pour Desaugiers, avant la lettre, pap. Chine. — 15 suites de 4 culs-de-lampe chacune pour Zschooke. — 18 vignettes détachées pour les Codes. (Même état.)

138 — 7 suites de 27 culs-de-lampe chacune pour Cooper, avant la lettre, papier Chine.

139 — 128 culs-de-lampe détachés pour le même ouvrage. (Même état.)

140 — 6 suites de 10 culs-de-lampe chacune pour Chateaubriant, avant la lettre, papier Chine.—88 culs-de-lampe détachés pour le même ouvrage. (Même état.)

141 — 2 suites de 84 culs-de-lampe chacune pour Walter-Scott, avant la lettre, pap. Chine. — 28 culs-de-lampe pour l'Arioste et 44 pour les victoires des Français.

142 — 760 culs-de-lampe détachés pour Walter-Scott, avant la lettre, papier Chine (3 portefeuilles). Ce numéro sera divisé.

143 — Vignettes détachées.

144 — 200 vignettes diverses détachées d'après Desenne et Deveria, avant la lettre et papier Chine la plupart.

145 — 498 vignettes françaises diverses, la plupart avant la lettre, papier Chine (3 portefeuilles). Ce numéro sera divisé.

146 — 287 vignettes anglaises diverses, la plupart avant la lettre, papier de Chine, tirées

in-fol. (3 portefeuilles). Ce numéro sera divisé.

147 — Portraits et costumes, 1518 pièces contenues dans sept portefeuilles. (Ce numéro sera divisé.)

148 — Paysages, animaux, vues de monuments, etc.; 672 pièces dans 4 portefeuilles.

149 — Lithographies et gravures détachées du journal l'Artiste, du recueil les Beaux-Arts de Curmer; album lithographique; 820 pièces contenues dans 6 portefeuilles. (Ce numéro sera divisé.)

150 — Gravures d'après Raphaël et autres des écoles italienne, flamande, hollandaise, etc.; 260 pièces contenues en 3 portefeuilles.

151 — Principes de dessin, ornements, architecture, histoire naturelle, lithographies détachées du journal la Caricature. — Premiers essais de lithographie tentés par Johannot père, et exécutés par des artistes d'Allemagne, d'Angleterre et de France (pièces rares et curieuses). 9 portefeuilles. Ce numéro sera divisé.

152 — 5 feuilles d'un ancien manuscrit sur vélin, orné de miniatures bien conservées.

LIVRES.

153 — Campagnes d'Italie par Carle Vernet (le titre manque); 1 vol. in-fol.

154 — Musée de Versailles (Furne); 1 vol. in-4, cartonné.

155 — Histoire du roi de Bohême par Nodier. Vignettes sur bois de Tony Johannot ; 1 vol. gr. in-8, cart.

156 — Recueil de portraits anciens et rares, réunis en 3 vol. in-fol., parch.

157 — 35 figures pour Don Quichotte, dessinées par Van Derbank et gravées par Van Dergucht, réunies dans un volume in-4. (Rare.)

158 — Le Navigationi et Viaggi de Nicolo Nicolai. *Venetia*, 1580. — Recueil de costumes, gravés sur bois ; 1 vol. in-fol., parch.

159 — Costumes des xiiie, xive et xve siècles, par Camille Bonnard ; 1er volume et livraisons détachées du 2e, in-4.

160 — The institution, laws and ceremonies of the most noble order of the garter. *London*, 1672. (Ouvrage rare et curieux rempli de gravures; 1 vol. in-fol., rel.

161 — Des habits et costumes de l'Europe, par J. de Glen. *Liège*, 1601. (Recueil de costumes gravés sur bois ; le titre manque.)

162 — Recueil d'ornements collés dans un vol. in-4, cartonné.

163 — 16 vol. de divers formats, parmi lesquels Uniformes français par H. Vernet et Eugène Lamy; Recueil d'eaux-fortes de De Duplessis, Bertaux; Heures à l'usage de Rome, tout au long, sans rien requérir; petit in-4, imprimé en 1515, rempli de gravures sur bois. (Très rare et curieux.)

OBJETS DIVERS.

CURIOSITÉS.

164 — Un vase de Sèvres en émail.
165 — Un dressoir gothique en bois sculpté.
166 — Un bahut gothique en bois sculpté.
167 — Un fauteuil et une chaise, dito.
168 — Un bas-relief en bois sculpté, de Lucas de Leyde.
169 — Un bronze indien.
170 — Biscuit, verrerie, porcelaine et poterie ancienne.
171 — Boîtes à couleur, chevalets, pinceaux, bordures, etc., seront vendus sous ce numéro, ainsi que tous les articles qui auraient été omis au présent Catalogue.

Paris. — Imp. et Lithog. Maulde et Renou, rue de Rivoli prolongée,
6303   au coin de la rue de l'Arbre-Sec.

9 782329 077529